Thierry Beaudet

Repoussons les frontières de la démocratie

Irriger la société,
entendre les citoyens,
intégrer les individus

éditions de l'aube
fondation jean-jaurès

Du même auteur,
chez le même éditeur

Thierry Beaudet, *Journal d'une crise. De l'urgence du Covid aux soins du quotidien*, 2020

1
La démocratie, régime en crise et régime de crises

Les dernières élections présidentielles et législatives ont montré à quel point la démocratie est menacée dans notre pays. Certes, le squelette institutionnel est toujours solide, mais la chair et l'âme font de plus en plus défaut. Depuis des décennies, l'abstention bat record sur record aux élections locales comme présidentielles, tandis que le débat politique se polarise à grande vitesse, chacun accusant l'autre d'être un danger pour le pays ou de se situer « en dehors de l'arc républicain ». Pour la deuxième fois dans l'histoire de notre République, un président fraîchement réélu n'obtient pas, à l'Assemblée nationale, la majorité absolue lui permettant de gouverner. Pour la première fois, les votes en faveur de partis n'ayant encore jamais gouverné ont été majoritaires au premier tour d'une élection présidentielle.

Une société de défiance

Le vote est devenu rare et réactif: on glisse très souvent un bulletin pour éliminer, non plus pour choisir. L'adhésion se dérobe et la défiance se généralise. Tout se passe comme si les vrais enjeux étaient ailleurs, comme si la démocratie représentative n'était plus qu'une coquille vide, ni crédible ni désirable. Comme si s'était rétabli un « cens[1] caché », qui réduirait le vote à un rituel réservé aux mieux intégrés.

De l'automne 2018 au printemps 2019, l'épisode des Gilets jaunes, la plus violente et la plus longue crise sociale depuis 1968, a montré le fossé béant entre nos gouvernants et une grande partie de la population, qui soutenait le mouvement ou y participait. Quant à la pandémie de Covid-19, elle ne s'est pas contentée de désorganiser notre pays, mais, autour des vaccins, des masques, du confinement, des attestations, elle a exacerbé les multiples réticences à l'autorité politique et à la parole publique. De fait, 54 % des Français pensent que la démocratie ne fonctionne pas bien et 84 % sont d'avis que les citoyens doivent prendre une part plus importante dans la décision politique[2].

---

1. Seuil d'imposition nécessaire pour être électeur ou éligible.
2. Enquêtes *Challenges* et CEVIPOF.

Les enquêtes au long cours, comme celles du CEVIPOF, montrent le degré de défiance considérable dont pâtissent les assemblées de la République, les corps intermédiaires, les médias, les élus. Les plus jeunes sont les premiers à prendre leurs distances avec les grandes croyances, les grands rites démocratiques que sont l'élection et la légitimité conférée par le suffrage universel.

Pour contrebalancer ce désamour du politique au sens large, les élus ont été, au fil des ans, soumis à des contrôles déontologiques de plus en plus poussés. Ils doivent rendre des comptes, ils sont limités dans le cumul des mandats qu'ils peuvent exercer.

Mais rien n'y fait, partout règne le soupçon que notre démocratie n'est plus que formelle, et qu'elle cache en son sein des oligarchies habiles à conquérir et à conserver le pouvoir à leur profit. Il est vrai que la mixité sociale, dans tous les domaines de la société, ne cesse de reculer, qu'il s'agisse des instances dirigeantes des entreprises, des grandes écoles ou du Parlement. Au-delà du politique, on constate plus généralement une crise de la participation aux instances à fonctionnement démocratique, dans les élections professionnelles, scolaires, universitaires ou associatives. C'est une crise de l'engagement dans les institutions que nous vivons, une forme de fatigue démocratique généralisée.

Ces craintes ne sont pas seulement théoriques. Dans de nombreux pays, la démocratie libérale est dévoyée dans les faits : elle devient démocratie autoritaire, s'affranchit du respect de l'État de droit et des libertés fondamentales, du respect des minorités et de la recherche de consensus. Nous le voyons en Pologne, en Hongrie, en Turquie, en Inde, nous l'avons vu dans une moindre mesure lors du mandat du président américain Donald Trump, qui a failli s'achever dans le chaos. Rappelons que la part de la population mondiale vivant en démocratie est minoritaire et décroît légèrement, selon l'indice de démocratie du groupe *The Economist*, et que seuls vingt et un pays sur cent soixante-cinq étudiés sont jugés être des démocraties complètes – la France n'en fait pas partie –, tandis que la Norvège est en tête du classement européen.

Cette démocratie antilibérale glisse vers un régime plébiscitaire, mettant en scène un homme et un peuple, puis vers une « démocrature », pour reprendre l'expression de Pierre Rosanvallon. Qu'elle semble loin l'époque optimiste où, à la faveur de la chute du mur de Berlin, les Occidentaux pouvaient prophétiser « la fin de l'histoire », pour reprendre l'expression du politologue Francis Fukuyama ! La démocratie parlementaire et libérale semblait être le terminus naturel de chaque peuple, modèle politique universel que devaient désirer et adopter tous les pays du monde. Bien au contraire, en 2022, ce sont des régimes autoritaires comme la Russie et la Chine qui fascinent par leurs outrances, leur agressivité, leur influence, leur puissance.

Trois crises démocratiques majeures

Comment expliquer, dans notre pays, cette situation plus qu'inquiétante ? Plusieurs crises majeures, liées les unes aux autres, me semblent frapper conjointement notre modèle démocratique : tout d'abord une *crise de légitimité*, parce qu'il répond de moins en moins au *besoin de représentativité* de la société. La solidité, réelle, des institutions de la Ve République rigidifie plus qu'elle n'irrigue la vie démocratique. Le Parlement compte une part infime d'ouvriers, d'employés, d'agriculteurs, pourtant majoritaires dans la population active[1]. La mécanique majoritaire nous fait perdre la culture du

1. Les cadres et professions intellectuelles supérieures représentent 58 % des députés, contre 9,5 % de la population active. Les ouvriers,

compromis, de la coalition et du consensus exigeant. Elle éloigne des citoyens la décision publique, par manque d'assise et de relais au cœur du pays.

Nous connaissons, avec ce nouveau quinquennat, une situation inédite : même un scrutin conçu pour dégager des majorités ne parvient plus à produire un groupe dominant, tant le paysage politique est fragmenté. Mais, comble de l'ironie, cette meilleure représentativité est dans le même temps vécue comme un échec et pourrait ne pas garantir une meilleure gouvernance de notre pays, alors qu'elle apporte un surcroît de légitimité au Parlement et que l'Assemblée nationale pourrait retrouver un rôle central dans l'exercice du pouvoir.

En second lieu, je vois une *crise de croissance* : dans des sociétés d'individus aussi rapides, transparentes et informées que les nôtres, le niveau d'exigence, d'implication et de redevabilité est au plus haut. Et nous devons nous en réjouir, car c'est l'un des accomplissements majeurs d'une démocratie libérale. Mais cela appelle à gagner l'adhésion et la confiance chaque semaine,

---

agriculteurs et employés représentent 7 % des députés, contre 29 % de la population active. Source : ministère de l'Intérieur, INSEE.

et non tous les cinq ans, par l'association aux décisions. Notre démocratie répond mal au *besoin de participation continue* de la société, y compris parmi les abstentionnistes, qui sont en attente d'autres formes d'implication dans les sujets qui les concernent. J'y reviendrai abondamment.

Enfin, notre démocratie traverse une *crise d'efficacité*. Nous ne vivons pas une époque comme les autres, des défis sans précédent nous attendent. Les solutions d'hier sont devenues les problèmes d'aujourd'hui. Tant que les inégalités sociales et les crises écologiques ne seront attaquées qu'à la marge et séparément les unes des autres, la confiance en la capacité de notre démocratie à agir ou à se réformer elle-même ne peut que se perdre, tout particulièrement chez les jeunes. Il faut répondre au *besoin de progrès* de la société, retrouver le chemin vers la prospérité et la sécurité qui ont accompagné l'essor des démocraties modernes.

Cette impression d'impuissance, de régression et de déclassement ne peut qu'inciter nos concitoyens à « essayer » autre chose, comme on change de fournisseur, et à succomber aux sirènes d'un autoritarisme « efficace ». De ce point de vue, la démocratie ne semble plus posséder de valeur en soi, elle est mise à l'épreuve et remplaçable. Dans bien des régimes autoritaires, comme le russe et le chinois, le déni de démocratie s'échange justement contre une promesse d'enrichissement, de sécurité et de promotion sociale. Pour reprendre les termes du philosophe Marcel Gauchet : « À quoi bon la démocratie, si c'est de toutes les façons pour ne pas pouvoir grand-chose au travers d'elle[1] ? »

Le paradoxal pouvoir au peuple

Pour prendre toute la mesure du problème, il faut voir que cette fragilité s'explique, certes, par la conjonction de ces trois crises, mais aussi par les multiples paradoxes qui constituent la démocratie depuis ses origines. Ce régime nous semble aller de soi, être un acquis irréversible, alors qu'à l'échelle de l'histoire humaine, il n'est qu'une rareté. Si toutes les sociétés humaines sont instables et complexes, si tout régime politique traverse des crises, aucun n'est aussi fragile que la démocratie.

Le premier de ces paradoxes démocratiques est celui du mélange de fascination et de répulsion que ce régime suscite depuis les origines chez les élites politiques et intellectuelles. Alors que la démocratie est

1. Marcel Gauchet, *La démocratie contre elle-même*, Paris, Gallimard, 2002.

aujourd'hui présentée comme l'idéal politique progressiste par excellence, elle est dans le même temps méprisée et crainte par une longue tradition intellectuelle depuis l'Antiquité, car moralement et conceptuellement impure, porteuse d'excès et de débordements.

En mettant la nature humaine au pouvoir, et rien qu'elle, en visant l'égalité et en s'en remettant à la majorité, la démocratie serait le régime politique de la médiocrité, de la faiblesse, de l'inconstance, du chaos. Platon la caractérisait déjà comme le plus hétéroclite et le plus instable des régimes politiques. Aristote en fait une forme dégradée d'un gouvernement républicain en charge de l'intérêt général. Bien des penseurs conservateurs ont pu critiquer une forme politique laissant trop de place aux émotions de la masse, à la « tyrannie de la majorité », pour parler comme Tocqueville. Jusqu'aujourd'hui, on entend ici et là des discours de défiance envers l'idée démocratique : critique du scrutin proportionnel censé paralyser le pouvoir, méfiance envers le référendum, frilosité à ouvrir le pouvoir à une plus grande mixité sociale. Il s'en trouve certains pour opposer la notion de République, d'État de droit, à celle de démocratie, forme facultative de gouvernement, potentiellement dangereuse en ce qu'elle pourrait mettre la volonté du peuple au-dessus des lois. Pour eux, la République serait l'ordre, la stabilité, la démocratie l'aventure, le mouvement désordonné. La démocratie, oui, mais dans des limites et sous surveillance.

Dans l'histoire de notre pays, il y a de fait toujours eu une forme d'ambivalence envers l'idée démocratique. La France ne l'a jamais accueillie sans retours en arrière. Il a fallu cinq formes de régimes républicains, deux restaurations, deux recours à l'imaginaire impérial pour parvenir à l'état politique à peu près stable que nous connaissons depuis soixante-quatre ans, avec une Constitution qui prend le soin de préciser que la France est une République… démocratique, tant l'une n'implique pas nécessairement l'autre !

Il a fallu bien du temps pour que le vote soit ouvert à tous, indépendamment de la richesse, de la condition sociale ou du sexe. Il a fallu bien du temps pour que des droits typiquement démocratiques comme la liberté d'expression ou d'association soient pleinement octroyés. Des Parlements d'Ancien Régime aux États généraux, des États généraux à la République, la démocratie a mis des siècles à monter en puissance, pour devenir ce régime politique et, au-delà, cet idéal social qui vise à reconnaître chaque citoyen dans ses droits individuels, tout en assurant l'égalité et l'équité sans lesquelles il n'y a plus de destin commun.

Depuis la Révolution et pour conjurer le spectre de crises politiques à répétition, bien des contrefeux ont été allumés pour la contenir ou la tempérer. C'est notamment en 1875, aux débuts de la IIIe République, la création du Sénat sous l'influence des monarchistes, pour contrebalancer l'Assemblée nationale, avec les mêmes pouvoirs ; ou encore la création en 1872 de l'École libre des sciences politiques, future « Sciences Po », toujours creuset des élites, que son fondateur, Émile Boutmy, justifiait ainsi :

> Contraintes de subir le droit du plus nombreux, les classes qui se nomment elles-mêmes les classes élevées ne peuvent conserver leur hégémonie politique qu'en invoquant le droit du plus capable. Il faut que, derrière l'enceinte croulante de leurs prérogatives et de la tradition, le flot de la démocratie se heurte à un second rempart fait de mérites éclatants et utiles, de supériorités dont le prestige s'impose, de capacités dont on ne puisse pas se priver sans folie[1].

1. Ernest Vinet, Émile Boutmy, *Quelques idées sur la création d'une Faculté libre d'enseignement supérieur: lettres et programme*, Paris, Imprimerie de Adolphe Lainé, 1871.

Où donc placer le curseur, effectivement, entre une minorité gouvernante qui ne représente qu'elle-même et un populisme qui ouvre la voie au totalitarisme ? Comment se positionner face aux régimes autoritaires, qui peuvent donner l'apparence de davantage d'unité et d'efficacité, notamment sur les problématiques de long terme, et qui ne se privent pas de profiter des vulnérabilités et velléités des régimes pluralistes ?

Le deuxième paradoxe de la démocratie tient à son statut hybride entre régime politique et mouvement social. D'un côté, la démocratie est un régime politique qui se caractérise par des institutions comme une Constitution, des Assemblées, la séparation des pouvoirs exécutif et législatif, l'indépendance de la justice, des élections libres, des droits fondamentaux. Il s'agit là du « bloc constitutionnel » et des principes fondamentaux comme la Déclaration des droits de l'homme.

De l'autre, la démocratie est une forme de contre-pouvoir, « un effort perpétuel des gouvernés contre les abus du pouvoir », comme le disait le philosophe Alain. Tout d'abord, une partie cruciale des institutions et de la vitalité démocratiques est composée d'instances de contrôle de l'action de l'État : Conseil constitutionnel, Conseil d'État,

Cour des comptes, inspections, tribunaux administratifs, etc. Plus encore, la démocratie possède en son cœur un idéal social d'égalité et d'inclusion : certes, des régimes esclavagistes ou fondés sur la discrimination (Athènes, les États-Unis d'Amérique, l'Afrique du Sud), racistes ou sexistes ont pu se dire des démocraties – et la Suisse elle-même n'a accordé le droit de vote aux femmes qu'en… 1971 ! –, mais leur histoire a justement montré que l'idée démocratique est un processus social dynamique plus qu'un logiciel politique statique ou un mode de scrutin. À travers l'histoire, la démocratie n'a cessé d'élargir le cercle de la considération morale au profit des femmes, des travailleurs, des enfants, des étrangers, des indigents, etc.

La démocratie comme mouvement social est une perpétuelle recherche de reconnaissance du plus faible, de l'invisible, de l'opprimé. À terme, elle préfère toujours le désordre à l'injustice. De fait, les grands progrès viennent rarement des seules élections, comme le démontrent les crises de régime et les crises sociales qui ont ponctué les XIXe et XXe siècles français. Les avancées décisives viennent souvent de l'action des contre-pouvoirs, à l'exemple des syndicats qui ont structuré des luttes pour obtenir l'amélioration des conditions de travail et de vie. Il est donc compréhensible que, contrairement à une monarchie ou à une oligarchie, la démocratie soit en perpétuelle métamorphose et questionnée, qu'elle remette sans cesse des intérêts en jeu, paraisse fragile, inconstante et… en crise perpétuelle.

Le troisième paradoxe de la démocratie tient aux effets qu'elle produit sur la société. La démocratie libérale est fondée sur l'émancipation de l'individu : par l'éducation, par la culture, par le travail, par le progrès social et scientifique, chacun peut s'arracher aux déterminismes social, géographique, politique, familial, dans une mobilité inédite. De ce fait, elle produit des citoyennes et des citoyens qui, non seulement vivent plus longtemps et en meilleure santé, mais qui sont aussi toujours plus informés et exigeants, libérés des liens d'affiliation traditionnels… et, pour certains, de leurs devoirs de citoyens.

Le danger est connu depuis longtemps et bien décrit au début du XIXe siècle par le philosophe Benjamin Constant, dans son opposition entre la démocratie antique et la démocratie moderne :

> Le danger de la liberté moderne, c'est qu'absorbés dans la jouissance de notre indépendance privée, et dans la poursuite de nos

intérêts particuliers, nous renoncions trop facilement à notre droit de partage dans le pouvoir politique[1].

Cette indépendance de l'individu, qu'il faut voir comme une conquête de la démocratie, rend la société plus instable et complexe à déchiffrer. La démocratie moderne serait un régime politique qui risque d'induire, contre toute attente, un retrait de la politique. Notre société d'individus pourrait avoir tendance à miner les fondements du régime démocratique, qui, par construction, requiert la participation du peuple. Le repli sur soi, l'engagement à la carte, la volatilité et une forme d'indifférence sont, certes, des poisons pour la démocratie, mais ils en sont aussi les fruits naturels, les fruits de la liberté donnée à chacun de s'inventer et de se positionner.

C'est le sens de la critique qu'un philosophe comme Marcel Gauchet adresse à la démocratie moderne : celle-ci, en se focalisant sur l'approfondissement des droits de l'homme, favoriserait excessivement l'individu au détriment du collectif, qu'elle rend de moins en moins capable d'agir sur

1. Discours de Benjamin Constant, « De la liberté des Anciens comparée à celle des Modernes », 1819.

lui-même. La démocratie individualiste créerait un « mouvement de désertion civique » et une société de repli narcissique, obsédée par la sécurité et la construction d'identités privées.

Cette prise de distance est démultipliée depuis de nombreuses années par cette société parallèle que sont les réseaux sociaux. Alors qu'ils pourraient incarner un forum démocratique idéal, ces outils sont souvent devenus le miroir grossissant des pires penchants de la nature humaine. Chacun se retrouve enfermé dans des biais de confirmation de ses propres opinions. Fondés sur la captation maximale de l'attention, les algorithmes des grandes plates-formes attisent la curiosité malsaine, la parole blessante, la rumeur, la calomnie, le clivage. Nous pensions avoir une agora, nous avons une foire d'empoigne permanente. Nous pensions approfondir la grande conversation démocratique, et nous voilà murés dans des attitudes haineuses et réactionnaires, fractionnés dans des identités hostiles les unes aux autres.

Le dernier paradoxe de la démocratie est lié à la tension originelle entre deux conceptions rivales, celle de la démocratie directe et celle de la démocratie représentative. La première suppose des citoyens actifs, présents et décidant directement des grandes questions politiques. Cela implique évidemment leur intérêt pour ces affaires, une certaine compétence et une vraie disponibilité. C'est pourquoi Rousseau, dans le *Contrat social* (1762), affirme qu'« à prendre le terme dans la rigueur de l'acception, il n'a jamais existé de véritable démocratie, et il n'en existera jamais. [...] On ne peut imaginer que le peuple reste incessamment assemblé pour vaquer aux affaires publiques [...] ». Et pourtant :

> Toute loi que le peuple en personne n'a pas ratifiée est nulle ; ce n'est point une loi. Le peuple anglais pense être libre ; il se trompe fort : il ne l'est que durant l'élection des membres du parlement ; sitôt qu'ils sont élus, il est esclave, il n'est rien.

Au contraire de Rousseau, les tenants de la démocratie représentative supposent que la capacité de voter suffit à faire le citoyen, et que la représentation est une condition sine qua non de la démocratie, qui sans cela resterait une douce utopie. Pour être réel et efficace, le pouvoir du peuple doit être délégué à des représentants élus. Le problème est alors de mesurer les conséquences de cette dépossession au profit de ses représentants, car le transfert de souveraineté, même limité dans le temps, est irréversible. Comment garantir l'adéquation entre le peuple et ses représentants ? Et pourquoi ne pas conserver, en parallèle, des éléments de démocratie directe comme le référendum, ou trouver les moyens de faire démocratie entre deux élections ?

L'écart entre démocratie directe et démocratie représentative hante en permanence tout régime démocratique : c'est en son nom que sont critiqués les représentants, jamais assez légitimes et à l'image de la société, toujours soupçonnés de recréer une forme d'aristocratie qui ne dit pas son nom ; c'est en son nom également que les mandats sont limités dans le temps, pour fournir à intervalles réguliers un nouveau condensé du peuple ; c'est en son nom enfin qu'est souvent demandée l'instauration d'un mandat révocable au cas où les élus trahiraient la confiance qui leur a été accordée, ou encore un référendum d'initiative populaire, pour contourner leur pouvoir.

Deux extrêmes sont dès lors imaginables : soit une confiscation de la représentation par les plus habiles et les plus puissants, autrement dit une oligarchie sous couvert de démocratie, le peuple se trouvant réduit à arbitrer la compétition électorale entre diverses élites politiques et économiques ; soit une tyrannie de la majorité, voire une dictature au nom du peuple, comme bien des régimes totalitaires en ont montré la tragique possibilité au cours du XXe siècle.

Dans une monarchie, régime le plus courant dans l'histoire de l'humanité, ces problèmes de représentativité et de contestation permanente n'existaient pas. Mais nous ne sommes plus sous l'Ancien Régime français, où le roi était le lieutenant de Dieu sur terre, où ses descendants lui succédaient sans contestation possible, où la légitimité et l'autorité étaient de droit divin. La démocratie suppose un saut dans le vide, un acte de foi politique et une confiance dans la délégation de pouvoir qui peuvent disparaître à tout moment.

Si l'on ajoute à cette tension la montée en puissance d'instances internationales (Union européenne, traités internationaux) dans la fabrication des lois et du droit, ou encore le poids toujours croissant des contraintes économiques dans un monde globalisé, le lien peut être ressenti comme plus que distendu entre un peuple et ses représentants. Le besoin d'une reprise de contrôle sociale, politique ou économique s'exprime partout, dans des attentes souverainistes ou populistes.

Ces paradoxes peuvent aider à comprendre la particulière vulnérabilité de nos démocraties en temps de crise, comme celui que nous traversons. La démocratie est un régime en crise, mais aussi un régime de crises, inhérentes au pari qu'elle fait sur la nature humaine. Les questions sont toujours les mêmes : est-elle assez efficace, assez juste, assez légitime ? Les réponses, elles, sont toujours à (ré)inventer.

2
Démocratiser la société

Comme nous l'avons vu, notre démocratie traverse, entre autres, une crise de croissance. Commencer par résoudre cette dernière me semble incontournable, tout simplement parce que la tentation est trop forte de prendre prétexte d'une crise de la démocratie représentative pour en finir avec la démocratie tout court.

Or la démocratie est loin de se limiter à la démocratie politique représentative. Celle-ci est une conquête politique, mais prenons garde à ce qu'elle ne devienne ni un corset ni un étouffoir. La désaffection touche moins la démocratie elle-même que les règles politiques du jeu démocratique en vigueur, qui ressemble quelque peu à un fossile vivant.

Pour le meilleur et pour le pire, l'échelon politique n'est plus le plus haut placé ni le plus puissant. Notre société d'individus vit dans un nouvel espace-temps, accéléré, numérisé et mondialisé, dominé par un flux continu d'informations, d'opportunités, d'échanges, soumis à des contraintes juridiques et économiques de plus en plus fortes. Si la politique, le souci du bien commun, sont plus indispensables que jamais, notamment face au péril écologique qui nous attend, il n'empêche qu'un partage des pouvoirs s'est imposé, que ce soit entre divers secteurs de la société (économie, droit, science, technique…), entre différents échelons (élus, médias, société civile, citoyens, réseaux sociaux), entre différentes territorialités (mondiale, européenne, régionale, locale…). Nos sociétés sont devenues trop complexes, trop diverses, trop rapides, trop exigeantes pour être gouvernées d'en haut, par un alliage d'élus et d'experts.

Retrouver une envie de démocratie

Face à cette complexification, une tentation récurrente est d'invoquer l'unité fantasmée d'un « peuple » ou d'une « nation ». Cet appel au peuple souverain n'est qu'un nouvel absolutisme quand il a pour effet d'écarter toute autre considération : libertés fondamentales, indépendance de la justice, pluralisme des médias, respect des corps intermédiaires, séparation des pouvoirs. Caricaturée, l'idée de peuple devient alors l'alibi du totalitarisme, de l'intolérance, du fanatisme. Aucun peuple n'est monolithique, pur et homogène, et aujourd'hui moins que jamais. Le prétendre est une tentation régressive, une fiction, un simple argument d'autorité, qui malheureusement monte en puissance. Le recours au « peuple » est un rabougrissement de la démocratie, alors que toute sa noblesse est de savoir orchestrer pacifiquement la conflictualité et la diversité des sociétés humaines, de former des individus souverains, émancipés des déterminismes sociaux et des fanatismes.

Une autre piste, bien plus raisonnable, est de toiletter les règles constitutionnelles, autrement dit de revitaliser la démocratie en démocratisant l'État et ses institutions. Il faudrait, au choix, lutter davantage encore contre le cumul des mandats, les conflits d'intérêts, le manque de mixité sociale et de parité, inverser le calendrier électoral pour que la présidentielle n'écrase pas les législatives, réformer le financement des partis politiques, introduire de la proportionnelle comme dans la plupart des pays de l'Union européenne, imposer le vote obligatoire comme en Belgique, abaisser à 16 ans la majorité électorale comme en Autriche, passer au vote électronique comme en Estonie, développer les *civic tech*, etc.

En allant plus loin, il serait possible de recourir bien davantage à la démocratie directe, sous la forme du référendum. Dans notre pays, le référendum est associé au plébiscite napoléonien ou à l'échec de la consultation de 1969, qui vit le général de Gaulle démissionner. Toute question posée se retournerait contre celui qui la pose. Le dernier référendum en date fut celui de 2005, sur le traité constitutionnel européen : il a malheureusement contribué à rompre la confiance dans cet outil démocratique, aussi bien chez nos gouvernants, qui se sont vus désavoués, que chez nos concitoyens, qui ne se sont pas sentis entendus. Quant à l'innovation du référendum d'initiative partagée, entré en vigueur en 2015, elle fixe des seuils (un cinquième des parlementaires, un dixième du corps électoral) qui n'ont permis le succès d'aucune des trois tentatives entre 2019 et 2022. Pourtant, dans de nombreux pays, le référendum est couramment utilisé : quatre-vingt-six référendums en Suisse depuis 1995, de nombreuses consultations dans certains États américains. En 2019, il a été question d'assouplir ces conditions, sans que le processus aboutisse. Le référendum d'initiative populaire fut pourtant une revendication majeure du mouvement des Gilets jaunes.

Tout cela me semble envisageable, mais loin d'être suffisant. Preuve en est que toutes les louables réformes votées ces dernières décennies (parité, cumul des mandats, conflits d'intérêts…) n'ont pas fondamentalement changé la donne ni dissipé le malaise démocratique.

En se contentant de réformes structurelles, on ne prend pas le mal à la racine. Prenons l'exemple des politiques de gratuité et d'ouverture élargie des musées : les intentions et la soif de démocratisation de la culture sont excellentes, mais on présuppose un désir et une envie sans lesquels il n'est aucun nouveau visiteur, hormis les mêmes publics déjà intéressés, qui profitent d'une aubaine supplémentaire. De fait, ces dernières décennies, les pratiques culturelles des Français ne se sont guère démocratisées.

Il en va de même pour la démocratie politique : les institutions et les élections auront beau être plus justes, plus transparentes, le risque est qu'elles continuent à s'adresser, peu ou prou, aux mêmes personnes. Les référendums auront beau se succéder, ils ne garantiront pas les conditions d'un débat objectif et apaisé et seront plutôt l'occasion de règlements de comptes entre deux élections. Cela, faute d'un désir, d'une envie et d'une pratique enracinée de la démocratie et du débat dans la société, tout comme l'éducation artistique et la pratique amateur sont les ressorts les plus sûrs d'un appétit de culture.

L'espace-temps de l'exercice démocratique est à redéfinir, et l'idée démocratique à étendre à toutes les sphères de la société.

En somme, la crise de croissance de la démocratie signifie que les victoires incontestables sur le plan des droits individuels (droits de l'Homme) ne sont qu'une étape et non pas l'objectif final de la logique démocratique. La démocratie ne doit pas seulement donner à l'individu les moyens d'affirmer son autonomie et son libre arbitre (libre expression, liberté d'association, droit à l'avortement, mariage entre personnes de même sexe, etc.). Elle doit tout autant, sinon plus, l'inciter à s'affirmer comme un être social, inciter la société à s'organiser au plus près des besoins et des intérêts, donner le pouvoir d'agir, dans quelque secteur que ce soit.

La société organisée, laboratoire de la démocratie vécue

Le ferment de la démocratie est cette capacité de la société à s'organiser, s'interroger, se transformer, bien souvent en dehors du processus électoral ordinaire et des institutions de la République.

En d'autres termes, le cœur de la démocratie est une façon de vivre et d'agir, ensemble et librement. Et la question mérite d'être posée : sommes-nous encore démocrates dans nos façons de parler, d'écouter, de vivre ? Le démocrate ne s'est-il pas perdu, remplacé par le consommateur impatient, l'internaute irascible, le propriétaire égoïste, le citoyen passif ? La crise de la démocratie n'est-elle pas aussi une crise morale ?

Retenons à cet égard la leçon d'un grand penseur de la démocratie, le philosophe américain John Dewey. Dans une conférence prononcée en 1939, à la veille de la Seconde Guerre mondiale, il rappelait qu'il faut « cesser de penser la démocratie comme quelque chose d'extérieur », autrement dit comme une simple mécanique institutionnelle. « Il nous faut absolument comprendre, en théorie et en pratique, qu'elle est pour chacun une manière personnelle de vivre, la seule qui croit sans réserve au processus de l'expérience en tant que fin et moyen, [...] à une expérience plus libre et plus humaine que tous partagent et à laquelle tous contribuent », c'est-à-dire une recherche des façons de vivre, de travailler, de dialoguer, d'être ensemble, sans une autorité imposée arbitrairement.

Seule l'expérience partagée peut servir de socle à la vie en société. La démocratie doit alors se comprendre comme tout mécanisme social permettant, à travers le dialogue, la définition d'un bien commun, la juste répartition du pouvoir et le partage des responsabilités. Autant dire que la démocratie, contrairement aux reproches de médiocrité et de nivellement par le bas qui lui sont faits, est exigeante : processus expérimental, impitoyable miroir, elle est ce que nous en faisons, dans tous les domaines de la vie sociale. Elle correspond à un processus *d'empowerment* (parfois traduit par « encapacitation ») de chacun. Le pouvoir « du peuple », c'est aussi le pouvoir donné à chacun.

L'exemple de la démocratie en entreprise est le plus clair : bien des courants de pensée contestent aujourd'hui la « monarchie » ou l'oligarchie économique, où les plus importants apporteurs de capitaux décident de tout, ce qui a fait dire que « la démocratie s'arrête aux portes de l'entreprise ». Il est sûr que la représentation et la défense des intérêts des salariés au sein de l'entreprise ont été un long combat, que l'on pense aux conventions collectives de 1936 ou aux lois Auroux de 1982.

Observons qu'actuellement, s'y exprime une demande croissante de sens, de démocratie et de justice. C'est l'élan retrouvé de l'économie sociale qui propose des formats juridiques d'entreprise où prévalent les principes « un homme, une voix », ressources impartageables, socialisation des profits (coopératives, mutuelles…). Ce sont les sociétés coopératives d'intérêt collectif (SCIC), statut créé en 2001, qui associent par exemple toutes les parties prenantes (clients, fournisseurs, collectivités locales) à leur projet, dans un vrai souci de démocratie économique. L'employé y est également un « citoyen » à part entière. C'est le nouveau statut de « société à mission » ou à raison d'être (issu de la loi Pacte de 2019) qui partage le même objectif: donner un sens politique ou « citoyen » à l'activité économique, dans l'intérêt collectif. On le voit, cette demande croissante gagne toutes les entreprises même si, en dehors de ces frémissements, il reste du chemin à faire, en France, pour simplement atteindre une représentation des salariés équivalente à celle des conseils d'administration allemands ou des pays scandinaves.

C'est la société tout entière qui reste à démocratiser, puisqu'elle abrite partout des formes de pouvoir trop verticales. Dans le domaine de l'éducation, l'institution des délégués de classe, des éco-délégués, des délégués étudiants pourrait être renforcée et leur reconnaissance améliorée. Les classes inversées ou les classes mutuelles, favorisant le débat et la coopération, pourraient être développées. Le service national universel, jusqu'ici facultatif, pourrait être rendu obligatoire pour les jeunes à partir de 16 ans, si possible dans un encadrement plus civique et participatif que disciplinaire et militaire. Dans le domaine de la cohésion sociale et territoriale, l'État pourrait être plus audacieux dans son soutien aux associations, symboles de la vitalité démocratique, qui fédèrent vingt et un millions de bénévoles et représentent deux millions d'emplois.

Dans le champ de la démocratie sanitaire, on pourrait associer mieux et davantage pouvoirs publics, professionnels, industriels, patients, usagers, familles. Les élections des caisses de Sécurité sociale ont disparu pour laisser place à une gestion technique. Pourquoi une telle éclipse et pourquoi ne pas redonner ce pouvoir aux assurés, comme c'est le cas dans la gouvernance mutualiste ?

Dans le domaine de l'énergie, la nécessité de développer massivement les énergies renouvelables pourrait être l'occasion de créer une « énergie citoyenne » par des collectifs de citoyens adossés à des collectivités locales, qui conçoivent et financent eux-mêmes leurs parcs éoliens ou solaires. Ce qui est une réalité massive en Allemagne n'est que balbutiant dans notre pays (moins de 1 % de l'électricité produite, pour deux cent quatre-vingts réalisations), alors qu'une telle appropriation facilite grandement l'acceptabilité des projets et accélère la transition énergétique. C'est le sens d'un avis récent du Conseil économique, social et environnemental (CESE), qui préconise un meilleur accès aux financements publics pour les projets citoyens.

On pourrait étendre ces considérations à la justice, à l'agriculture, à l'alimentation, aux transports, à la gestion de l'eau… Le numérique aidant, de multiples initiatives existent déjà où les citoyens, conformément à l'idéal démocratique, sont acteurs de ce qui les concerne, en créant autant que de besoin de nouveaux collectifs, des contre-expertises, voire des contre-pouvoirs.

Une vraie démocratisation de la société impliquerait un moindre recours à la loi ou à l'arbitrage politique. Elle impliquerait un dialogue social plus continu et de plus haute intensité, une meilleure capacité de la société à s'autoréguler et à prendre ses responsabilités, qu'il s'agisse des rémunérations des hauts dirigeants, de l'égalité femmes/hommes ou de la prise en compte de l'environnement, pour ne citer que ces sujets. Elle supposerait encore un pouvoir plus décentralisé, moins vertical, moins homogène, des territoires davantage mis en responsabilité, une citoyenneté à multiples dimensions, ainsi que du temps et des compétences pour l'exercer.

Force est de constater que nous ne sommes pas arrivés à ce point : en France, une certaine mystique de l'État fait des pouvoirs publics les instances les plus légitimes, les décideurs en premier ressort. C'est ainsi que se creuse le fossé entre ces pouvoirs, non redevables politiquement durant leur mandat, et la société qui, non seulement exige davantage d'écoute, de souplesse et de réactivité, mais serait prête à faire elle-même.

Or, même quand ils sont puissants et représentatifs, les « corps intermédiaires » (syndicats, associations, fédérations) sont parfois réduits au rôle de délégataires ou d'opérateurs d'un service public. Même quand une gouvernance est démocratique comme pour les mutuelles, cette démocratie reste le plus souvent formelle et insuffisamment attractive, faute d'enjeux véritables, car la réglementation corsète drastiquement le pouvoir d'initiative et de décision.

S'ils souffrent parfois d'une faible représentativité, les corps intermédiaires n'en sont pas seuls responsables. Ils retrouveront la faveur des salariés ou des citoyens d'autant plus vite que les pouvoirs publics sauront leur redonner un vrai pouvoir d'initiative et de décision. La représentativité et l'attractivité procèdent aussi de la capacité reconnue à peser et à agir. Une démocratie aboutie s'enorgueillirait de créer les conditions d'émergence et de développement de telles organisations, plus massives et plus structurantes qu'aujourd'hui, avec lesquelles dialoguer, donnant ainsi une assise large aux décisions, de la stabilité à notre vie publique. L'exemple allemand de cogestion avec les syndicats montre combien un dialogue social équilibré aide à diminuer la conflictualité.

Créer de nouvelles légitimités

Car nous avons de facto changé de société, jusque dans l'élaboration des lois. Comme le dit le constitutionnaliste Dominique Rousseau, depuis longtemps, mais sans que l'on en tire toutes les conclusions, « les lois sont seulement votées au Parlement, elles n'y sont plus délibérées et mûries : la délibération se déroule ailleurs, dans les “Grenelle”, les états généraux, les réseaux sociaux, mais aussi dans l’enceinte judiciaire où se décide la portée effective des textes votés[1] ». Le destin de chaque loi, dans le meilleur des cas, est d’être « coproduite » par le juge constitutionnel, la société civile, les médias, les personnes directement concernées, les consultations publiques. Tout simplement pour être acceptée, adaptée et efficace.

Une des raisons du rejet par référendum de la nouvelle Constitution chilienne, en septembre 2022, ne serait-elle pas d’avoir voulu, avec les meilleures intentions, faire l’économie de la maturation sociale de sujets comme le droit à l’avortement, le droit à la santé ou encore le droit des indigènes ? En somme, réaliser au Chili en quelques mois, et par un mécanisme purement institutionnel, un processus social qui a pris des décennies dans les pays européens, pour que la population s’approprie et accepte chacune de ses avancées, sans se sentir bousculée.

La démocratisation de l’État est donc méritoire, mais insuffisante. Il ne suffit pas d’améliorer la légitimité des élus

1. Dominique Rousseau, *Radicaliser la démocratie*, Paris, Seuil, 2015.

(redevabilité, transparence, représentativité), il faut créer de nouvelles légitimités et les articuler. Rien ne peut remplacer la démocratisation de la société : celle-ci doit devenir forte et représentative de ses propres intérêts, signifier une volonté de vivre ensemble, une capacité d'auto-organisation, de production d'idées et de compromis nouveaux.

De ce point de vue, le rôle de ce qu'on appelle la « société civile » est décisif dans la vitalité démocratique. Il s'agit de citoyens engagés, agissant de façon organisée pour défendre les intérêts collectifs qui leur tiennent à cœur, de citoyens qui ne se définissent pas seulement par un droit de vote ou par des opinions politiques, mais par leurs actions, leur engagement dans des syndicats, des associations, des mouvements de défense de la nature, de consommateurs, etc. Si les élections recueillent, tous les cinq ans, les opinions politiques individuelles, elles ne prennent pas ce pouls continu de la société civile organisée, ne rendent pas compte de ces engagements collectifs, qui pourtant construisent et tiennent une société. Ils sont la voix de la société, son plaidoyer permanent.

Dans notre pays, il a fallu bien du temps à la démocratie représentative, souvent trop discontinue et hautaine, pour les admettre.

La loi Le Chapelier de 1791 a interdit les corporations de travailleurs, et ce n'est qu'à la fin du XIXe siècle que les syndicats et les associations ont eu officiellement droit de cité. Entretemps, seules des sociétés de secours mutuel étaient tolérées. Les pouvoirs craignaient la reconstitution des corporations de l'Ancien Régime, le spectre d'une « contre-société » ou de dangereuses « factions ». Il est vrai que la Révolution française, scène première de notre époque moderne, avait montré jusqu'où pouvaient aller les divisions politiques et sociales.

Souvenons-nous que l'article 291 du Code pénal de 1810 disposait : « Nulle association de plus de vingt personnes [...] ne pourra se former sans l'agrément du Gouvernement » ! On ne réalise plus à quel point la liberté d'association de 1901, qui succède à la loi Waldeck-Rousseau de 1884 autorisant les syndicats, a été une révolution démocratique, ultime aboutissement d'un desserrement très progressif.

Genèse du CESE, représentation de la société civile

La naissance de la représentation, dans les institutions républicaines, de cette société civile agissante, encore informelle, ne commence donc que tardivement, en février 1848, sous la IIe République. À cette époque, sous la pression des revendications ouvrières et dans le feu d'une grande fête de la Fraternité, est mise en place une Commission du gouvernement pour les travailleurs, dite « Commission du Luxembourg », sous la présidence du journaliste et député Louis Blanc. Cette commission a réuni pendant quelques mois sept cent trente délégués, patrons et ouvriers, en vue d'améliorer les conditions de travail. Elle devait être un « Parlement du travail » et elle a notamment contribué à la baisse du temps de travail quotidien.

La première concrétisation pérenne d'une représentation institutionnelle de la société civile s'effectue bien plus tard, avec le Conseil national économique (CNE) créé en 1925, sous la IIIe République, par le président Herriot, l'expérience ayant été portée par le Cartel des gauches, qui accède au pouvoir en 1924. La méfiance jacobine à l'égard des particularismes, des corporatismes et des intérêts privés a cédé face à la nécessité d'associer les acteurs de la société à l'action de l'État, dont la Première Guerre mondiale a accentué le rôle de grand coordinateur de l'économie nationale et du dialogue social. À cette date, les « partenaires sociaux » sont véritablement constitués, comme la CGT bien sûr, mais aussi le patronat unifié. Ce

CNE siège alors au Palais-Royal et aura un rôle important dans l'évolution du droit du travail sous le Front populaire. Le décret du 16 janvier 1925 fait de ce nouveau Conseil un « foyer de documentation économique » et un « centre de résonance de l'opinion publique[1] ». Il sera un outil essentiel pour l'évolution du droit social, notamment sous le Front populaire.

Après la suppression du CNE par le gouvernement de Vichy, apparaît, en 1946, le Conseil économique, avec cette fois un statut inscrit dans la Constitution de la IVe République. En 1958, la Ve République institue un Conseil économique et social (CES) qui s'installe dans le Palais d'Iéna, confirmant son statut de troisième assemblée constitutionnelle. À la suite de sa réforme de 2008, le CES ajoute le « E » de « environnemental », qui élargit l'assemblée aux organisations étudiantes et mouvements de jeunesse, ainsi qu'aux organisations de protection de la nature et de l'environnement. Enfin, en janvier 2021, une loi organique fait du CESE le carrefour des consultations publiques, l'invitant à multiplier les modalités d'une participation citoyenne arrimée à la République.

---

1. Alain Chatriot, *La démocratie sociale à la française*, Paris, La Découverte, 2002.

Retenons de ce parcours que seul le régime de Vichy a dissous l'Assemblée de la société civile, et qu'aucune de nos trois dernières Républiques ne s'est passée, sous une forme ou sous une autre, de ses conseils ! Ancrée dans notre histoire, cette institution n'est pas pour autant un « machin » franco-français : à l'heure actuelle, il existe vingt et un CES ou institutions similaires pour les seuls pays européens, et soixante-quinze de par le monde, complémentaires des démocraties parlementaires.

L'assemblée française compte aujourd'hui cent soixante-quinze conseillères et conseillers provenant de quatre-vingts organisations du monde de l'entreprise, de l'agriculture, des salariés, de la cohésion sociale et territoriale, de l'environnement, de la jeunesse, etc.

Par définition, une Assemblée consultative comme le CESE ne peut ni ne doit emporter la décision sur une assemblée législatrice. Si l'Assemblée nationale peut être considérée comme la chambre de la représentation partisane, le Sénat la chambre des territoires, le CESE peut être considéré comme la chambre de la société civile, l'assemblée des organisations portant des intérêts collectifs, un miroir de la société telle qu'elle est organisée par les besoins d'agir des citoyens, autrement dit « la société agissante ». Depuis 2021, la participation citoyenne dans toutes ses modalités (panels, consultations en ligne, conventions, pétitions) enrichit le CESE d'un second socle.

Cette assemblée possède ainsi une indéniable fonction expressive, qui a une valeur propre en ce qu'elle est le témoin d'évolutions longues, de compromis, de débats, de changements des modes de vie et des représentations. Des échanges et des rencontres s'y font entre organisations toujours plus diverses, qui ne se tiendraient pas ailleurs. Le CESE est un forum républicain, une petite France.

Car sa principale mission est d'éclairer la décision publique. Dans un monde enclin à cultiver les antagonismes, il fait délibérer pour identifier des voies de passage, des solutions possibles, en mettant son énergie à trouver des convergences.

Sous la Ve République, des avis phares témoignent de ce que le CESE a joué le rôle de précurseur, de lanceur d'alerte, de contributeur, de relais institutionnel. Cette assemblée n'est pas là pour trancher, mais parvient souvent à poser les termes d'un problème. Certains de ses avis ont clarifié des débats, avancé des propositions, pesé conjointement avec d'autres acteurs du débat démocratique. Citons l'avis sur la grande pauvreté de 1985, porté par Joseph Wresinski, qui a défini la pauvreté non pas comme un stigmate individuel, mais comme une atteinte aux droits humains fondamentaux, dont la société est responsable. Il a connu un retentissement international considérable et a préfiguré le revenu minimum d'insertion. Citons également l'avis de 2001 sur le harcèlement moral, qui a fourni une définition très inclusive du phénomène, retenue dans la loi votée. Sur la prévention du suicide ou la création des services d'urgences hospitalières, le CESE a donné l'impulsion et permis l'élaboration de politiques publiques, tout comme plus récemment sur des sujets tels que le statut des travailleurs des plates-formes du numérique.

Une institution comme le CESE vise à améliorer la réflexivité, qui est une des sources de la légitimité démocratique. En démocratie, les décisions ne sont pas le fait du prince, elles sont âprement débattues, amendées, contrôlées, mûries. Cette réflexivité n'est bien évidemment pas l'apanage d'un Conseil consultatif, car les Assemblées délibèrent, et parfois longuement, avant de voter. De même, le juge constitutionnel et les médias coconstruisent de plus en plus la législation. Mais l'intérêt d'un tel organe est d'éviter les logiques de posture, de prendre le sujet en amont, tel qu'il se diffracte dans la société civile et non pas dans une enceinte purement politique, partisane, juridique ou médiatique.

Le CESE reste une assemblée consultative, il ne prétend pas rivaliser avec la légitimité obtenue dans les luttes et les polarisations politiques. Il ne prétend pas non plus offrir une expertise spécialisée qui s'ajouterait à celle des cénacles compétents. Il vise une expertise d'usage telle que vécue et pensée par la société civile organisée pour faciliter l'acceptabilité des politiques publiques.

Il arrive à ce terme « d'acceptabilité » d'éveiller la méfiance. Il n'a pourtant pas le sens condescendant qu'on peut lui attribuer : il ne s'agit pas d'imposer, par des artifices, une communication ou une quelconque « pédagogie » des réformes dont les Français ne voudraient pas. Au contraire, l'enjeu n'est pas sur la forme, mais sur le fond.

Une assemblée comme le CESE est là pour produire un consensus exigeant, qui tienne compte des réalités du pays, en évitant aussi bien l'immobilisme que la crispation. L'acceptabilité est le bon dosage qui va permettre aux citoyens concernés de comprendre et de s'approprier les politiques publiques, non pas parce qu'on aura su les séduire ou les intimider, mais parce qu'on aura su les convaincre et intégrer leurs attentes et leurs besoins. Assemblée consultative, le CESE n'a pas le dernier mot, mais, après avoir posé les termes d'un problème, peut orienter le débat pour éviter les malentendus et les incompréhensions. Il est l'assemblée du « premier mot », pour reprendre l'expression d'un de ses anciens présidents, Jacques Dermagne.

C'est aussi pourquoi le déficit de notoriété que certains lui reprochent n'est pas synonyme d'un déficit d'utilité. Par construction, le premier mot de la réflexion s'entend moins que le dernier mot de la décision. Notre assemblée travaille sur le temps long, à des sujets dont l'heure médiatique n'a pas encore sonné, et sans la culture du clivage qui attire toute la lumière des médias.

Le CESE répond donc au besoin de compléter la démocratie parlementaire, dont l'efficacité et la stabilité se paient par un manque croissant de représentativité et de légitimité, par la démocratie sociale. Celle-ci ne se limite pas aux seuls « partenaires sociaux », puisqu'elle comprend les associations les plus représentatives de notre pays.

Mais pour représenter cette société agissante, il faut encore que la société… agisse et, surtout, interagisse ! Chacun sait que la représentativité des « corps intermédiaires », comme celle des élus, est questionnée. Le taux d'engagement des Français dans une structure partisane, syndicale ou associative (hors domaine sportif) reste très faible. C'est pourquoi la démocratisation de la société reste un chantier majeur, où une nouvelle venue, la démocratie participative, ouvre les horizons les plus prometteurs.

3
Accomplir notre transition démocratique

Nous l'avons dit, la démocratie n'est pas qu'un simple mode de scrutin. Elle est un perpétuel mouvement social vers toujours plus de justice, de progrès, d'égalité, de reconnaissance. Elle est porteuse de valeurs, ouvre un horizon d'engagement et d'émancipation. Elle suppose des mœurs démocratiques, à tous les échelons de la société. Pour que nos concitoyens retrouvent l'envie de donner leurs suffrages ou de les briguer dans ces occasions exceptionnelles que sont les élections, la démocratie doit se vivre sans cesse au quotidien.

Un des ressorts de ce ressourcement est la démocratisation de la société, dans tous les secteurs. On irrigue ainsi la démocratie parlementaire par la démocratie sociale au sens large, dans les écoles, les hôpitaux, les tribunaux, les entreprises, pour redonner du pouvoir aux usagers, aux justiciables, aux salariés…

Un autre ressort est le retour aux sources par la participation à la construction de décisions d'intérêt général. De quoi parle-t-on ? Certainement pas un supplément d'âme de la démocratie ! Au contraire, la participation, c'est la démocratie elle-même, en tant que mécanisme d'inclusion, d'approfondissement de l'écoute qu'une société se prête à elle-même, un approfondissement des pouvoirs d'agir et de penser qu'elle confère à ses membres. C'est pourquoi on parle de « participation » ou de « consultation » également dans un processus électoral, qui ne relève pourtant pas strictement de la démocratie dite participative.

Les communs démocratiques

La participation, contrairement à la tenue d'élections, ne se décrète pas. Nerf de la démocratie, elle est l'aboutissement de longs processus sociaux, qui offrent progressivement aux citoyens les moyens et l'envie de s'impliquer dans la chose publique, en suscitant un profond sentiment d'appartenance. Les moyens de participer aux cahiers de doléances ouverts en 1788 furent les progrès de l'instruction. Un des moyens d'affirmer sa citoyenneté en 1791 ou 1792 fut la prise d'armes des volontaires nationaux (d'où les premiers mots de notre hymne, « Aux armes, citoyens ! ») et, à partir de 1795, la conscription obligatoire, jusqu'en 1993 ! Les moyens d'une société démocratique, des partis de masse, des grands médias pluralistes furent la liberté d'association, la liberté d'expression et l'instruction obligatoire. Les moyens qui ont permis au plus grand nombre de voyager, de s'engager, de s'associer, de créer furent l'amélioration des conditions de travail et l'augmentation du temps libre. Les moyens d'une bonne santé et d'une vie longue, qui ne soient pas le privilège d'une classe sociale, ce furent la Sécurité sociale, de même que le partage du progrès scientifique, la hausse du niveau de vie et de confort, et, plus généralement, les services publics, souvent appelés « le patrimoine de ceux qui n'en ont pas ».

Ces moyens de participer pourraient être appelés des « communs démocratiques ». Ces « armes du citoyen » sont les conditions de la réalité démocratique, à l'image de l'eau, de l'air, du sol qui permettent la vie biologique. Ces préalables expliquent suffisamment pourquoi il est difficile, voire impossible, d'exporter la démocratie de force, dans des sociétés qui n'y sont aucunement préparées. Organiser de l'extérieur des élections libres, tenter la séparation des pouvoirs ou la liberté d'expression dans un pays miné par la corruption, la misère, les divisions ethniques, les inégalités ou l'analphabétisme, est voué à l'échec.

Les démocraties mûres ont pris tout leur temps, chacune à sa manière, pour lever la plupart des obstacles qui ont toujours freiné l'association du plus grand nombre aux décisions qui le concernent. Grâce à la lente formation d'un terreau favorable, nous sommes devenus des individus prospères, éduqués, informés, émancipés et disposant comme jamais de temps libre, aussi perfectible que demeure notre société. Les conditions techniques, politiques et sociales de nouvelles formes de participation sont donc réunies, et c'est pourquoi elles suscitent tant d'attente et d'engouement de la part des citoyens et des territoires.

La participation généralisée est donc une modalité de cette représentation « augmentée ». Elle doit donner plus d'acceptabilité aux politiques publiques.

Reprenons le constat : notre vieille démocratie connaît depuis longtemps les travers de la simple représentation parlementaire. Aussi fidèle qu'elle soit, toute représentation reste fragmentaire, souffrant de biais sociaux, économiques et culturels évidents, pour la simple raison qu'elle sélectionne des citoyens « actifs », intéressés par l'expression de leur suffrage, la conquête et l'exercice du pouvoir. C'est pourquoi les élites sociales et économiques sont invariablement surreprésentées, et qu'on a pu dire que la démocratie parlementaire était une façon de recréer une forme d'aristocratie. En 1789 déjà, sur cinq cent soixante-dix-huit députés du tiers état, deux cents étaient avocats !

Mais ce n'est là que la partie émergée de l'iceberg : si tant de catégories ne sont pas représentées dans la démocratie parlementaire, c'est d'abord qu'un grand nombre d'individus ne sont pas intégrés dans le débat citoyen au quotidien. Le biais fondamental est de supposer acquise une « bonne volonté politique », des citoyens intéressés par le pouvoir ou désireux de le conquérir, attirés par la chose publique en général.

Que faire de ceux qui ne votent ni ne briguent les suffrages, de ceux qui se contentent d'une existence privée ? N'ont-ils aucun droit de cité, aucune pierre à apporter dans l'édification de la société ? Faut-il les laisser à l'écart ? Comment faire participer ceux qui ne veulent ou ne peuvent participer ? Comment lever cette « armée de réserve » de la démocratie, au nom pourtant de laquelle on gouverne ?

Plusieurs réponses sont possibles. Dans le bouillonnement intellectuel des années 1960-1970, de multiples alternatives aux pouvoirs en place ont été pensées. Tout d'abord, les citoyens peuvent être intéressés par des projets qui les concernent directement et concrètement : c'est le cas des « budgets participatifs » créés dans les années 1980 dans la ville brésilienne de Porto Alegre, qui ont essaimé dans le monde entier, notamment en France. Les conseils de quartier, obligatoires depuis la loi Vaillant de 2002 dans les communes de plus de quatre-vingt mille habitants, vont dans le même sens. Les débats publics (information, consultation, concertation ou codécision) associent les citoyens aux créations d'infrastructures susceptibles de générer des nuisances : routes, lignes de chemin de fer, ponts, lignes à haute tension, éoliennes, parcs photovoltaïques… La Commission nationale du débat public (CNDP), créée en 1995 par la loi Barnier relative à la protection de l'environnement et depuis 2002 autorité administrative indépendante, est chargée de gérer ces consultations. En vingt-cinq ans, elle a organisé cent quatre débats publics. Tous les acteurs font le constat d'une meilleure implication des habitants et d'une pédagogie plus pointue des maîtres d'ouvrage, mais sans pouvoir aller vers une véritable codécision.

Par ailleurs, aussi vertueuse soit-elle, cette forme de démocratie de proximité reste trop embryonnaire et elle aussi souvent dominée par les citoyens les plus disponibles, les plus allants, les plus instruits, souvent des retraités ou des militants. La question revient : qu'en est-il des autres, autrement dit de l'écrasante majorité ?

Le tirage au sort, pari sur la nature humaine

À cette question cruciale, les toutes premières démocraties avaient répondu à leur manière. Pour certaines fonctions, l'Athènes de l'Antiquité, la Venise médiévale pratiquaient un savant mélange ou une alternance entre élection et tirage au sort, ce qui montre que ce dernier est une pratique constitutive de l'histoire de la démocratie, en tant que régime politique inclusif.

De nos jours, il est communément accepté pour la composition des jurés de cours d'assises. Mais on constate des réticences quand il s'agit de tirer au sort des citoyens pour constituer un panel, une conférence, une convention citoyenne sur un sujet de société ou une question institutionnelle. C'est l'expression de la crainte d'une concurrence déloyale entre des citoyens « engagés », actifs, parfois des élus, et les autres, « silencieux », voire pour certains « en rupture ». Pourquoi ne pas se suffire des parlementaires, des experts ou des militants d'un dossier ? On retrouve ici une résurgence du débat, révolu, sur la question de savoir qui est « digne » d'avoir le droit de vote : la démocratie ne suppose-t-elle pas que l'avis d'un jeune en situation de NEET (« *not in employment, education or training*[1] ») compte autant que celui du prix Nobel de physique ? La question devient aujourd'hui : en quoi un citoyen « ordinaire » mérite-t-il d'avoir autant voix au chapitre qu'un citoyen « actif », militant, élu ou engagé, même si tous ces avis restent consultatifs ?

Hiérarchiser ainsi serait risquer de remettre les clés de la participation, à nouveau, aux plus savants et aux plus ambitieux. Le tirage au sort, le plus souvent corrigé pour qu'il reflète davantage la diversité sociologique du pays, est pourtant la manifestation la plus pure d'une fidélité à l'idée démocratique.

Tout d'abord parce que la démocratie est le renoncement à toute autorité indiscutée. Dans l'histoire, la plupart des sociétés humaines se sont laissé gouverner par quelques-uns, sur le fondement d'une révélation religieuse, de la richesse ou du savoir,

1. « Pas d'emploi, d'études ou de formation », en anglais.

et le plus souvent d'un mélange des trois. L'autorité politique était essentiellement dérivée de l'autorité patriarcale, fondée sur l'ignorance, la peur et l'inégalité.

La démocratie est ce moment très particulier où les sociétés humaines ont su s'auto-instituer, sans se relier à des origines mythologiques ou à la supériorité mystique d'un groupe social. La démocratie est donc l'acceptation d'une certaine contingence dans la désignation de celui ou celle qui gouverne. Il est un humain choisi parmi les humains, et non un roi, empereur ou monarque de droit divin. Même fondées sur une compétence, sa supériorité et son autorité sont une convention temporaire, rien de plus. « Les distinctions sociales ne peuvent être fondées que sur l'utilité commune », rappelle opportunément la Déclaration des droits de l'homme de 1789.

Comme le dit le philosophe Jacques Rancière, la démocratie est le « vrai nom de la politique ». Tout autre régime est un refus de la politique en tant qu'art de gouverner sans ces faux-semblants que sont la richesse, la tradition ou le mythe, qui organisent la servitude volontaire.

Dans nos démocraties, même le « meilleur président » devra laisser la place au terme de son mandat. Son retrait est programmé, au profit du suivant, fût-il médiocre. Cette périodicité des élections est un mécanisme essentiel de la démocratie, qui refuse de lier le pouvoir à telle ou telle personne. Le pouvoir se donne et se reprend en permanence. Seules les dictatures trafiquent la Constitution pour inventer des reconductions perpétuelles. Et l'histoire a souvent montré que les dirigeants ne se bonifient pas dans la conservation du pouvoir… Tout démocrate reconnaîtra donc la part de fertile contingence qui tranche une élection.

Cette dimension contingente de l'idéal démocratique reste puissante et scandaleuse, notamment aux yeux de groupes et d'individus qui estiment avoir vocation à commander aux autres, en vertu de leur naissance, de leur richesse, de leur savoir ou de leur position sociale. Le tirage au sort et l'élection ont en commun d'imposer un renouvellement des gouvernants, fût-il décevant ou perturbant. La démocratie est par nature imparfaite, mouvante, en construction permanente. C'est l'essence de la démocratie de n'être jamais stabilisée.

Le tirage au sort en tant que créateur d'assemblées est également une école de la citoyenneté. Combien de fois n'a-t-on pas constaté, dans un juré d'assises ou dans une convention citoyenne, comme celle sur le climat, la métamorphose d'un citoyen ordinaire jugé « passif » en citoyen concerné, engagé, informé ? L'attention, le temps et l'espace consacrés à une personne et à un sujet l'éveillent à sa citoyenneté. Cela n'en fait certes pas un élu, mais une personne soucieuse de l'intérêt général. Le cours d'une vie peut en être changé, de même que la société est changée par l'action de millions de bénévoles. C'est ce pari optimiste sur la nature humaine, encore elle, qui constitue la démocratie réellement vécue et mise en œuvre.

Il faut faire valoir cette foi en l'homme, malgré les errances possibles, que suppose la démocratie, foi déjà exprimée par l'historien grec Thucydide, au ve siècle av. J.-C. :

> Les mêmes hommes peuvent s'adonner à leurs affaires particulières et à celles de l'État ; les simples artisans peuvent entendre suffisamment les questions politiques. [...] C'est par nous-mêmes que nous décidons des affaires, que nous nous en faisons un compte exact pour nous, la parole n'est pas nuisible à l'action, ce qui l'est, c'est de ne pas se renseigner par la parole avant de se lancer dans l'action[1].

1. Thucydide, *La guerre du Péloponnèse*, II, 35-43, XL.

La grandeur de la démocratie est dans cette volonté incessante d'élargir le cercle de ceux qui peuvent gouverner, juger le juste et l'injuste, avoir voix au chapitre, agir, dans cette invention de procédures, élections et/ou tirages au sort, liberté d'association, par lesquelles chacun peut ou doit être en responsabilité d'autrui. Par l'éducation, l'émancipation et l'enrichissement de nos sociétés, chaque citoyen devrait aujourd'hui, plus que dans aucune autre époque de l'histoire, être prêt à assumer, au moins une fois dans sa vie, des responsabilités politiques au sens large, prêt à passer du statut de gouverné à celui de gouvernant, du statut d'auditeur à celui d'orateur. Il y a là une matière démocratique qui n'a pas encore trouvé toute sa reconnaissance et son débouché.

La participation se situe ainsi à mi-chemin entre la représentation, trop lente et distante, la protestation, trop partiale et polémique, et les sondages, trop réactifs et superficiels. Cette participation et délibération citoyenne sont aujourd'hui incontournables, tant nous avons atteint un point de rupture. La situation de notre démocratie ressemble à celle d'un adulte resté dans ses habits d'enfant, étriqués et craquant de toutes parts. Si nous les refusons, si nous les minimisons ou ne leur donnons pas de cadres et de débouchés clairs, elles s'organiseront d'elles-mêmes, de façon imprévisible, incontrôlable et peu productive, par des blocages ou des violences. Notre pays, trop longtemps fasciné par l'homme providentiel ou un pouvoir fort, doit inventer une culture de la délibération, du dialogue et de la concertation, comme on peut la voir à l'œuvre dans bien d'autres nations.

À intervalles réguliers, des « états généraux » ou « conférences de parties prenantes » thématiques sont organisés par les pouvoirs publics. Ce sont de vrais progrès dans la démocratisation des débats. Ils ont cependant le défaut d'être des initiatives ponctuelles du pouvoir politique, avec ce que cela suppose de risques ou de soupçons d'instrumentalisation, de subordination ou d'ingérence. Cela reste plus une démocratisation de l'État que de la société.

Il serait contradictoire de rêver à une participation citoyenne du plus grand nombre uniquement quand, où et comment le décide le pouvoir politique en place. Bien au contraire, ce ressourcement démocratique doit s'émanciper, autant que faire se peut, des échéances électorales classiques. La démocratie « par spasmes » des dimanches électoraux n'est plus opérante et, à l'heure de l'information en continu, il nous faut une démocratie continue. C'est le sens de la démocratie participative.

Il y a là une temporalité, une énergie et une légitimité nouvelles qu'il faut reconnaître en tant que telles. L'expérience vécue par toutes et tous doit pouvoir compléter et éclairer une expertise détenue par quelques-uns : tout comme le XXe siècle a éduqué au vote pour toutes et tous, le XXIe siècle doit éduquer à la coconstruction des politiques publiques, dans une culture du débat contradictoire et de l'implication au long cours.

La démocratie est un *work in progress*[1], car le peuple n'est jamais le même, ainsi que les formes d'exercice du pouvoir. Il n'existe en ce domaine aucune vérité déjà là, aucune autre vérité que celle que nous inventerons et sur laquelle nous nous accorderons. Il nous faut à nouveau redéfinir le peuple, redéfinir le pouvoir.

Il ne s'agit plus tant aujourd'hui d'élargir le corps électoral, que de reconquérir ceux qui l'ont déserté, de dépasser les limites de la démocratie représentative, pour la faire entrer dans un nouvel espace-temps, une démocratie ouverte sur l'ensemble des citoyens.

1. « Projet en cours », en anglais.

Participation et délibération

Si 57 % des Français et des Françaises pensent que la démocratie ne fonctionne pas bien en France, 70 % sont d'avis qu'elle fonctionnerait mieux si les citoyennes et les citoyens y étaient davantage associés[1]. Tout comme la démocratie parlementaire doit être enrichie par la démocratie sociale, la démocratie représentative doit être revitalisée par la démocratie participative.

Il s'agit de faire de la démocratie le seul réseau social qui vaille, loin de ceux qui divisent et attisent les émotions primaires, dans un monde déréalisé. La démocratie, comme un art, doit être enseignée et pratiquée régulièrement. Comme la liberté, elle ne s'use que lorsque l'on ne s'en sert pas. Dans ses nouvelles modalités, la participation doit en être le cœur battant, pour rapprocher les points de vue, présenter les options possibles, inclure la diversité des publics, rendre accessible le débat public à tout citoyen.

Nous nous devons de redonner des couleurs à l'idée démocratique, et pas seulement aux institutions. Une dose de proportionnelle ou un référendum n'y suffiront pas.

1. Baromètre de la confiance politique du CEVIPOF, en partenariat avec le CESE.

Il nous faut inventer de nouveaux rituels, de nouveaux communs démocratiques. Il nous faut inventer pour notre époque l'équivalent de ce que furent les grandes conquêtes citoyennes du passé. Et cela passe par une nouvelle méthode d'association et d'écoute des citoyens.

Entendons-nous bien, la démocratie représentative conserve tous ses mérites institutionnels, et c'est au Parlement et au gouvernement que revient le dernier mot. Mais le chaînage démocratique ne peut se réduire à ces derniers maillons. La seule logique de la représentation ne peut plus, à elle seule, promouvoir une société démocratique toujours plus exigeante en matière de justice, d'efficacité et de reconnaissance. Il en va de l'attractivité de l'idée démocratique.

N'ayons pas peur et soyons confiants dans notre capacité à ressourcer nos institutions, nos usages et notre société !

Cette démocratie participative présente deux aspects à la fois distincts et complémentaires : un volet proprement participatif et un volet délibératif. Le premier consiste à inclure le maximum de citoyens ou de publics diversifiés autour d'un thème de réflexion, il s'agit de recueillir les avis ou les revendications. C'est la logique des cahiers de doléances de la Révolution française ou du Grand débat organisé lors du précédent quinquennat. Ce sont les consultations en ligne régulièrement organisées par le CESE. On recueille donc une matière démocratique préexistante et spontanée.

Le second volet, délibératif, consiste à sélectionner un panel citoyen et à l'accompagner dans une réflexion qui peut prendre plusieurs mois, avant de livrer des conclusions ou des recommandations. C'est la logique de la Convention citoyenne pour le climat, qui s'est tenue au CESE, ou de celle sur la fin de vie. On recueille une matière démocratique élaborée, qui n'existait pas préalablement. Ces assemblées consultatives ne prétendent pas être représentatives au sens où l'entendent les sondages. Elles sont composées de façon à éviter les biais les plus flagrants (genre, niveau de diplôme, lieu d'habitation, niveau de vie, etc.), mais les citoyens ne représentent qu'eux-mêmes. En d'autres termes, il s'agit d'une délégation d'un pouvoir de délibérer plus que d'une représentation. Grâce à ce temps libéré pour quelques-uns, les citoyens se livrent à une réflexion par procuration, au profit de la société tout entière.

Soyons néanmoins attentifs à différents risques qui se présentent dans cette « démocratie augmentée », cette libération de forces nouvelles.

Le premier de ces risques est celui de la captation d'un débat par des minorités actives, quel que soit le sujet. L'antidote est ici le tirage au sort des citoyens, qui aboutit à un échantillon non pas strictement représentatif, mais proche de la société française. Le hasard comme brassage social réaffirme que toute personne peut (ou même doit) prendre part aux débats, même si elle n'est pas a priori intéressée par la politique ou par le sujet. Au CESE, les panels citoyens veillent à intégrer une part de personnes en situation de grande précarité, par le canal d'associations comme ATD Quart Monde. Autre garde-fou, une méthodologie qui fait que toute consultation s'appuie sur un comité de gouvernance pluraliste et dispose de garants d'objectivité et de transparence.

Le second risque est celui de la tentative de diversion par le pouvoir politique. Si celui-ci, affaibli, encourage la participation citoyenne, la voix de la société civile, s'il l'encourage comme une redynamisation de la démocratie, il doit montrer qu'il en tient compte. On ne peut augmenter le volume de la participation et y rester sourd ! Ici, il faut être clair et inverser la charge de la preuve. Ce n'est pas aux consultations publiques, aux assemblées consultatives, aux soixante-dix CESE ou équivalents dans le monde de démontrer leur utilité et leur efficacité, de justifier les coûts et les délais parfois importants de ces processus. C'est aux gouvernements de démontrer qu'ils savent les entendre et les utiliser après les avoir encouragés, qu'ils savent rendre hommage aux efforts des citoyens pour s'approprier des sujets complexes et éclairer leurs décisions. L'articulation à un processus législatif ou référendaire doit être claire et annoncée bien à l'avance. Le pouvoir politique doit faire valoir le tiers de confiance qu'est l'organisateur d'une consultation publique.

Dernier risque, celui de confusion. La participation citoyenne ne peut se tenir dans un contexte militant, où dominent des prises de position classiques (partis politiques, manifestations, libre expression, associations). Le cadre et le mode d'organisation sont décisifs pour le résultat final. Prenons l'exemple de la Primaire citoyenne, association qui avait pour ambition de faire émerger une personnalité s'imposant à gauche pour candidater à la dernière élection présidentielle. Le dispositif, alors qu'il a fortement mobilisé, s'est avéré confus, changeant, le contrat peu clair, le candidat finalement désigné par les organisateurs n'étant pas celui ayant recueilli le plus de suffrages. Le résultat final fut largement jugé incohérent et illégitime.

Pour éviter de tels gâchis, éviter aussi bien la captation par des minorités actives, la diversion par le pouvoir politique ou la confusion issue d'initiatives approximatives, il faut veiller au commanditaire, à la méthodologie, aux lieux, aux symboles, aux débouchés, d'autant qu'en matière de participation citoyenne, les soupçons et les procès d'intention ont tôt fait de surgir.

Dans notre pays, le CESE, en tant qu'assemblée non partisane, est habilité à articuler la participation citoyenne à la République, à l'échelle nationale, sur des sujets d'intérêt général. Sa réforme de janvier 2021 va dans ce sens : faire entrer davantage les citoyens, la société « informelle » dans la chambre d'écho de la société « organisée », par l'appel à pétitions en ligne, l'association de citoyens aux travaux des conseillers en titre, par l'organisation de conventions citoyennes, la consultation via des plates-formes numériques. Déjà lieu de la démocratie sociale le CESE devient le lieu d'une hybridation nouvelle, lieu de la démocratie sociale, participative et délibérative. C'est campé sur ces deux jambes qu'il peut prétendre arrimer le besoin de renouvellement et de participation citoyenne à la République, et tenir les deux bouts de la démocratie : l'individu intégré, le citoyen entendu et la loi votée en leur nom.

Le CESE, mais pas seulement : le Parlement naturellement, la Commission nationale du débat public (pour les projets d'aménagement du territoire), les collectivités locales, dont la pratique en la matière est nourrie et ancienne.

Encore une fois, il ne s'agit jamais de rivaliser avec les élus ou les experts, qui ont toute leur légitimité, mais de compléter ces expertises par les expériences vécues, le jugement informé de chaque citoyen. Le poids accordé aux uns et aux autres dans la décision publique doit être reconnu.

L'épreuve du réel : les conventions française et irlandaises

Le statut des avis des consultations citoyennes ou des travaux issus de la démocratie participative est hybride : ni rapport d'experts supplémentaire, ni ultime sondage, ni projet de loi. C'est une force d'influence, une réflexion collective, qui doit être abondamment relayée, comme l'ont été les travaux de la convention citoyenne pour le climat ou ceux des conventions citoyennes irlandaises.

Concernant la première, on constate à nouveau qu'en vertu du « pouvoir au peuple », le pouvoir d'énoncer la vérité, même scientifique, n'émane plus d'un dieu, d'un souverain ou d'une autorité quelconque. Même objective, la vérité reste politique au sens large, elle dépend d'un débat, d'un processus, d'un consensus, d'une majorité, autrement dit du bon vouloir de tous.

Notre époque le manifeste de façon spectaculaire avec la logique des réseaux sociaux : sans parler des faits historiques, même les vérités scientifiques sont contestées, comme avec le climatoscepticisme encore professé par nombre d'acteurs politiques, ou encore le complotisme, comme on l'a vu durant la pandémie de Covid-19. Toute autorité est a priori contestée ou contestable. Le processus de validation d'une vérité est long et laborieux, car il faut qu'elle soit acceptée par l'ensemble des acteurs sociaux, dans la diversité de leurs sensibilités, de leurs temporalités, de leurs cultures. Si une vérité ne passe pas au tamis démocratique, elle passe pour dogmatique et dictatoriale.

C'est tout particulièrement vrai pour la science climatique, qui met la démocratie à l'épreuve à plus d'un titre. D'abord par sa complexité : bien peu de citoyens peuvent maîtriser l'étendue des connaissances rassemblées dans les rapports du GIEC. D'infinies médiations sont nécessaires pour une bonne assimilation, comme les « Fresques du climat ». Ensuite par sa temporalité : elle est un mélange détonnant d'urgence et de long terme. Il faut agir immédiatement pour se conformer à des échéances paraissant toujours lointaines au regard de la prochaine élection. La « préférence pour le présent » de la démocratie percute l'urgence d'anticiper le futur. Enfin, la science climatique met à l'épreuve par les peurs qu'elle suscite. Elle a des conséquences peu audibles pour nos démocraties occidentales : mettre fin pour un grand nombre à un régime d'abondance et de liberté matérielle sans précédent, fondé sur les énergies fossiles, renoncer à un certain modèle de prospérité et de progrès permanent, qui sont toujours des socles de notre lien et de notre contrat social.

Pour nos démocraties, la vérité climatique est donc difficile à comprendre, difficile à mettre en œuvre, difficile à accepter. Surtout si l'on prend, comme le regretté Bruno Latour, le « climat » au sens très général des « rapports des humains à leurs conditions matérielles d'existence[1] ».

Il s'agit typiquement d'une vérité qui suppose une démocratie « augmentée », élargie, mûrie, continue, et non plus une démocratie « toutes choses égales par ailleurs », pour

1. Bruno Latour, *Où atterrir ? Comment s'orienter en politique*, Paris, La Découverte, 2017.

expliquer, pour agir, pour rendre acceptable. Il en va de la survie de la démocratie et de sa légitimité. Si elle ne parvient pas à relever le défi, elle pourra être emportée dans la catastrophe et laisser place à des régimes autoritaires, au pire, ou au mieux à une société fracturée et inégalitaire, partagée entre ceux qui ont les moyens de se protéger et les autres, et qui n'aura de démocratique que le nom.

D'une certaine manière, sans le savoir, nous avons déjà changé de régime politique en changeant de régime climatique. Pour parler à nouveau comme Bruno Latour, nous sommes des citoyens, membres d'une cité, soudain devenus des « terrestres » en attente d'un terrain où atterrir.

Il faut que ce terrain reste celui de la démocratie. C'est dire que la question posée à la convention citoyenne sur le climat était certes très large, mais néanmoins pertinente : « définir une série de mesures permettant d'atteindre une baisse d'au moins 40 % des émissions de gaz à effet de serre d'ici 2030 (par rapport à 1990) dans un esprit de justice sociale[1] »; ses conclusions ont pu être controversées. Trop pour les uns, pas assez pour les autres. La gestion démocratique de la transition écologique et énergétique

1. *Conventioncitoyennepourleclimat.fr.*

doit rassembler, expliquer, anticiper comme jamais. En démocratie, la contrainte est contre-productive.

La convention citoyenne pour le climat s'est tenue d'octobre 2019 à juin 2020, avec cent cinquante citoyens tirés au sort. Elle a débouché sur cent quarante-neuf propositions.

Malgré ses imperfections, elle a mis en lumière le caractère éminemment politique de notre rapport au territoire, à la nature, aux ressources. D'autres conventions, sans doute, se tiendront, tant l'urgence nous presse et tant l'acceptabilité des mesures est cruciale. Mais cette première a pavé la voie aux changements de société que nous imposent le spectre des pandémies, la réalité des guerres actuelles et à venir, la bataille pour l'énergie et les ressources, le retour de l'inflation dans un monde de raretés où l'argent ne suffit plus. Bien des mesures de sobriété et de justice qui n'avaient pas été retenues par le gouvernement sont aujourd'hui d'une criante actualité, et la convention a le mérite d'avoir montré qu'elles peuvent être acceptables si un débat collectif se tient et si l'effort est partagé.

Les deux conventions citoyennes irlandaises qui se sont conclues respectivement en 2014 et 2017 ont été rétrospectivement encore plus loin et ont montré pour la première fois l'efficacité concrète de tels processus démocratiques, après l'échec relatif des expériences islandaise de Constitution populaire (2009-2012) et belge avec le G1000 (2011-2012).

En 2012, à la faveur d'un contexte politique propice, est mise en place une Convention constitutionnelle, en association avec le mouvement We the Citizens, qui avait déjà esquissé une première assemblée pilote. Cette Convention constitutionnelle est composée de soixante-six citoyens tirés au sort et de trente-trois élus des différents partis politiques. Elle a pour mission de réviser huit articles de la Constitution, pour remise au Parlement et éventuellement référendum. Elle se réunit de janvier 2013 à mars 2014, un week-end par mois, auditionnant des experts et encadrée par des fonctionnaires garants du bon fonctionnement. En 2015, suite au filtre parlementaire, ses propositions visant à légaliser le mariage entre personnes du même sexe et la réduction de l'âge minimum du président sont soumises à référendum. La première est acceptée à 61 %, l'autre refusée. Enfin, en 2018, une autre proposition portant sur la suppression dans la Constitution de l'interdiction du blasphème est approuvée à 65 %.

Entretemps, le personnel politique se prend au jeu et convoque une nouvelle

Citizen's Assembly pour débattre, entre autres, de la levée de l'interdiction de l'avortement, inscrite dans la Constitution d'une nation très catholique. Créée en 2016, cette nouvelle assemblée est composée uniquement de quatre-vingt-dix-neuf citoyens, et adopte la même méthodologie que la précédente. Elle poursuit ses travaux sur cinq week-ends, de novembre 2016 à avril 2017, et les achève en recommandant, par une large majorité, la suppression de l'interdiction de l'avortement. Après de multiples hésitations sur un sujet très clivant, un référendum est finalement convoqué, qui penchera dans les mêmes proportions pour le « oui ».

Si la mécanique irlandaise, seul exemple connu d'une articulation réussie entre démocratie participative, démocratie parlementaire et démocratie directe, a si bien fonctionné, c'est que les questions étaient claires, les sujets débattus mûrs et portés largement dans les médias, les mouvements sociaux et dans la société civile comme caisses de résonance. Le « mini-public » de l'assemblée citoyenne a pu valoir comme miroir d'une opinion publique opérant une mue historique.

La montée en puissance de la participation ne pourra pleinement s'effectuer toutes choses égales par ailleurs. Plus on pratiquera l'articulation de toutes les modalités démocratiques, plus il y aura besoin d'un vrai statut de « citoyen participant », pour éviter le biais majeur qu'est le refus de participer. Celui-ci peut être causé par un manque de temps ou de moyens : dans ce cas, comme pour le juré d'assises, un cadre légal serait nécessaire, sous forme d'indemnités permettant de délibérer sur le temps professionnel et non personnel, comme c'est encore le cas aujourd'hui. Si le refus (ou l'acceptation) est causé par la question posée, il pourrait être envisageable de constituer non pas une convention dédiée à une question, mais un « collège citoyen » qui traiterait différentes questions, non connues à l'avance, et qui serait renouvelé régulièrement.

On le voit, cette alchimie de la démocratie participative n'est jamais transposable d'un pays, d'une époque à l'autre. Elle est délicate à trouver, elle demeure un champ à explorer, mais c'est notre devoir de démocrates au XXIe siècle.

Retrouver l'élan démocratique

Bien que comptant parmi les plus anciennes, notre démocratie affiche tous les stigmates de l'adolescence et reste de ce fait bien trop souvent éruptive. Ce qui nous limite, c'est une démocratie qui fonctionne uniquement par spasmes électoraux, figeant un rapport de force pour plusieurs années alors qu'elle doit au contraire devenir plus continue.

L'élection confère la légitimité, mais ne donne plus l'élan nécessaire à la traversée du mandat. Les programmes s'effritent sur une réalité de plus en plus changeante, de plus en plus radicale. Ce qui est attendu de nos élus, c'est leur capacité non pas à s'abstraire, mais à revenir et dialoguer avec les acteurs et les citoyens, en permanence, pour ajuster l'action et, in fine, revigorer leur socle de légitimité.

L'élaboration de la décision publique se limite trop souvent aux acteurs politiques qui cherchent à créer de l'alignement sur leur position plutôt que de donner de l'assise à des propositions. En ne répondant pas, ou trop peu, à l'aspiration de la société civile et des citoyens à participer à la fabrique de la décision, le politique supporte toute la tension et devient, de ce fait, le fusible du système. Il doit certes avoir une responsabilité finale, mais pas totale.

Vouloir enfermer toute la complexité du monde et des aspirations de nos concitoyens dans des logiques binaires, fruits non désirés du fait majoritaire, est une illusion. Dans une société fluide, tout ce qui est figé est contourné. Il nous faut sortir des logiques de blocs pour adopter une culture du compromis et de la convergence. Cette culture existe déjà largement dans nos territoires, elle s'incarne quotidiennement dans notre dialogue social et elle est la matrice même du CESE. Elle doit aujourd'hui finir de gagner l'ensemble des lieux de décision.

Toutes ces limites, par leurs suffrages ou leur abstention, nos concitoyens ont appelé à les dépasser. Si, collectivement, nous répondons à l'appel, alors la crise actuelle sera une crise de croissance qui fera gagner notre démocratie en maturité, qui nous lèguera de nouveaux communs démocratiques.

Table des matières

Reconnue d'utilité publique dès sa création, la Fondation Jean-Jaurès est la première des fondations politiques françaises. Indépendante, européenne et sociale-démocrate, elle se veut depuis trente ans un lieu de réflexion, de dialogue et d'anticipation. Les partenariats éditoriaux qu'elle engage répondent à l'ambition de faire naître analyses pertinentes et propositions audacieuses, mais aussi de mettre cette production intellectuelle et politique au service de tous. Gilles Finchelstein et Laurent Cohen sont directeurs des publications de la Fondation Jean-Jaurès.

En coédition avec la Fondation Jean-Jaurès (extrait)

Camille Andrieu, Adeline Baldacchino, *Conter demain*

Vincent Aubelle, Émeric Bréhier, Jean-Paul Planchou, *Comment fonder la République décentralisée ?*

Jean-Michel Besnier, Diana Filippova, Ariel Kyrou, Fanny Parise, *L'humain augmenté. Cyborgs, fictions et métavers*

Richard Bouigue, Pierre Rondeau, *Le foot va-t-il exploser ? Pour une régulation du système économique du football*

Antoine Bristielle, *À qui se fier ? De la crise de confiance institutionnelle à la crise sanitaire*

Antoine Bristielle (dir.), *Que veulent les Français ? L'opinion publique dans tous ses états*

Antoine Bristielle, *La démocratie blessée. Comprendre les attentes des Français*

Jean-Laurent Cassely, Thierry Germain (dir.), *La France qui vient. Cahier de tendances 2020*

Jean-Laurent Cassely, Pierre Hurmic, Anne-Claire Ruel, Elena Scappaticci, *J'ai piscine. La France heureuse*

Xavier Crettiez, Bilel Ainine, *« Soldats de Dieu ». Paroles de djihadistes incarcérés*

Julien Damon, *Inconfinables ? Les sans-abri face au coronavirus*

Emmanuel Dupont, Édouard Jourdain, *Les nouveaux biens communs ? Réinventer l'État et la propriété au XXIe siècle*

Jean-Marie Durand, Thierry Germain (dir.), *Cahier de tendances 2021. Les personnes, les objets, les lieux et les idées qui vont tout changer*

Timothée Duverger, Barbara Glowczewski, Alexis Jenni, Viviana Lipuma, Flavien Menu, *Au bout de nos rêves. Le retour des utopies*

Ismail Ferhat (dir.), *Les Foulards de la discorde. Retours sur l'affaire de Creil 1989*

Ismail Ferhat, *Des discriminations sous-estimées ? Les musulmans en France*

Richard Ferrand, *Nos lieux communs. Petit traité républicain à l'usage des démocrates*

Jérôme Fourquet (dir.), *Karim vote à gauche et son voisin vote FN*

Jérôme Fourquet, Sylvain Manternach, *L'An prochain à Jérusalem ? Les Juifs de France face à l'antisémitisme*

Mathieu Fulla, Marc Lazar, *Les socialistes européens et l'État (XXe-XXIe siècle). Une histoire transnationale et comparée*

Ludivine Gilli, *La révolution conservatrice aux États-Unis. De l'avortement au droit de vote, la démocratie pervertie*

Adeline Hazan, Adrien Taquet, *La prison, alpha et oméga de la punition ?*

Smaïn Laacher, *L'affaire Mila. Victime, agresseurs, haine en ligne*

Rémi Lauwerier, Théo Verdier, *Des Européens éco-anxieux ? Le changement climatique à l'épreuve du quotidien*

Hervé Le Bras, *Serons-nous submergés ? Épidémie, migrations, remplacement*
Hervé Le Bras, *Le grand enfumage. Populisme et immigration dans sept pays européens*
Guillaume Lecointre, Sarah Proust (dir.), *Le Fait en question*
Raphaël LLorca, *Les nouveaux masques de l'extrême droite. La radicalité à l'ère Netflix*
Gilles Luneau, *Steak barbare. Hold-up végan sur l'assiette*
Denis Maillard, *Indispensables mais invisibles ?*
David Ménascé, Pierre Victoria, *Entreprises et territoires : nouvelle alliance ?*
Chloé Morin, Daniel Perron, *Être vieux : relégation ou solidarité ?*
Nicolas Monceau, *Turquie : un dilemme européen ?*
Cas Mudde, Cristóbal Rovira Kaltwasser, *Brève introduction au populisme*
Anne Muxel, *Politiquement jeune*
Anne Muxel, Adélaïde Zulfikarpasic, *Les Français sur le fil de l'engagement*
Sarah Proust, *Télétravail : la fin du bureau ?*
Iannis Roder, *Prof, mission impossible ?*
Pierre Rondeau, *Fin de partie pour le foot ?*
Dorian Simon, Michael Vincent, *La dette, une solution face à la crise planétaire ?*
Collectif Télémaque, *La gauche du réel. Un progressisme pour aujourd'hui*
Jean Viard, *Un nouvel âge jeune ? Devenir adulte en société mobile*
Jean Viard, *La révolution que l'on attendait est arrivée*
Jean Viard, avec David Medioni, *L'an zéro du tourisme*
Ouri Weber, *La gauche en Israël. Dialogue entre générations*

Pour limiter l'empreinte environnementale
de leurs livres, les éditions de l'Aube
font le choix de papiers issus de forêts
durablement gérées et de sources contrôlées.

Achevé d'imprimer en février 2023
sur les presses de l'imprimerie New Print
pour le compte des éditions de l'Aube
331, rue Amédée-Giniès, F-84240 La Tour d'Aigues

Numéro d'édition : 5418
Dépôt légal : mars 2023

Imprimé dans l'Union européenne